LOI ESPAGNOLE

DU 30 JUILLET 1878

SUR LES

BREVETS D'INVENTION

NOTICE ET TRADUCTION

PAR MM.

ALBERT CAHEN

INGÉNIEUR CIVIL

ET LÉON LYON-CAEN

AVOCAT A LA COUR D'APPEL DE PARIS

Extrait de l'*Annuaire de législation étrangère*
publié par
la Société de législation comparée

PARIS

A. COTILLON ET Cie, ÉDITEURS, LIBRAIRES DU CONSEIL D'ÉTAT
24, rue Soufflot, 24

—

1879

LOI ESPAGNOLE

DU 30 JUILLET 1878

SUR LES

BREVETS D'INVENTION.

I. La législation espagnole sur les brevets d'invention a été heureusement modifiée par la loi nouvelle dont la traduction suit.

Les droits des inventeurs étaient protégés avant la promulgation de cette loi, par le décret royal de Ferdinand VII, en date du 27 mars 1826, interprété et complété par une ordonnance du 14 juin et un décret du 30 décembre 1829.

Sous ce régime, les brevets d'invention n'étaient point accordés pour toutes les possessions espagnoles. L'inventeur était tenu de demander un brevet pour chacune des colonies, indépendamment de celui obtenu pour l'Espagne. La durée des brevets était de quinze, dix ou cinq ans, au choix des parties, lorsqu'il s'agissait d'une invention nouvelle et faite par le demandeur ; le décret de 1826 accordait aussi des brevets dits d'introduction ou d'importation à toute personne voulant exploiter pour la première fois en Espagne une invention déjà connue et pratiquée à l'étranger. Ces brevets ne pouvaient être pris que pour la durée la plus courte, pour cinq années seulement. La taxe à payer pour l'obtention d'un brevet était :

Pour un brevet de cinq années, de 1,000 réaux vellon ou   280 fr.;
Pour un brevet de dix années, de 3,000 réaux vellon ou   810 fr.;
Pour un brevet de quinze années, de 6,000 réaux vellon ou 1,620 fr.;
Pour un privilège d'introduction
    et d'importation. . . . . de 3,000 réaux vellon ou   810 fr.

Il était en outre perçu une somme de 21 francs pour l'expédition du brevet royal.

Les mêmes droits étaient à acquitter pour chacune des colonies, indépendamment de frais à payer à chacune des Administrations coloniales. Ces frais variaient suivant les colonies. — Il n'existait aucune préférence accordée à l'inventeur à raison des perfectionnements qu'il pouvait apporter à son invention (1), ni rien d'analogue aux certificats d'addition. Chacun de ces perfectionnements devait être garanti par un brevet nouveau. Le défaut ou la cessation d'exploitation pendant un an et un jour entraînait la déchéance du brevet.

II. La loi actuelle offre ce premier avantage de n'exiger qu'un seul brevet pour la garantie du privilège de l'exploitation sur tout le territoire espagnol y compris les colonies. Il n'est plus nécessaire que l'inventeur se fasse délivrer un brevet particulier pour chacune des colonies espagnoles (2).

Le système du non-examen préalable a prévalu. La durée des brevets est de vingt ans au lieu de quinze, mais sans prorogation possible, pour les inventions nouvelles et personnelles à l'impétrant. Les brevets d'importation, qui subsistent, demeurent limités à la durée de cinq ans. Cependant l'inventeur, déjà breveté à l'étranger, peut obtenir un brevet de dix ans, si, dans les deux années à compter du jour où il a obtenu son premier brevet à l'étranger, il sollicite un brevet en Espagne. La durée des brevets espagnols est donc complètement indépendante de celle des brevets déjà obtenus à l'étranger pour la même invention (3).

Ce n'est pas à ces dispositions que se borne la sollicitude de la loi pour les brevetés. Le système des certificats d'addition n'existait pas dans la législation antérieure; il est, pour la première fois, introduit en Espagne par la loi nouvelle; la taxe à payer n'est que de 25 pesetas.

Mais il est à regretter que l'article 29, qui établit les certificats, soit rédigé de telle façon que la préférence accordée à l'inventeur soit purement illusoire et ne puisse, dans la pratique, créer à son profit aucun avantage réel. L'article dit, en effet, que le titulaire d'un brevet aura le droit de faire à son invention les changements, modifications ou additions qu'il jugera convenables, de préférence à toute autre personne qui demanderait en même temps que lui un brevet à raison des mêmes changements, etc. Comment admettre que les deux demandes du titulaire du brevet et du tiers seront parvenues au gouvernement le même jour, et surtout à la même heure (car l'article 16 exige que le registre où sont mentionnés les dépôts de demandes de brevets mentionne même l'heure de leur arrivée)?

Le certificat d'addition n'est pas d'ailleurs spécial à l'inventeur : il profite

____

(1) V. article 18, loi française du 5 juillet 1844.

(2) Cette réforme donne satisfaction à un vœu émis par le congrès international de la propriété industrielle de 1878. Ce congrès a adopté le vœu qui suit : « Il est à désirer qu'en matière de propriété industrielle la même législation régisse un État et ses colonies, ainsi que les diverses parties d'un « même État. »

(3) Cela est aussi conforme au vœu suivant du congrès de la propriété industrielle de 1878 : « Les droits résultant des brevets demandés doivent être « indépendants les uns des autres et non pas solidaires, en quelque mesure « que ce soit, comme cela a lieu aujourd'hui dans beaucoup de pays. »

au titulaire du brevet d'importation comme au possesseur du brevet d'invention proprement dit.

III. L'Espagne s'est ralliée au système belge et allemand de la taxe annuelle et progressive (1), et a abandonné la taxe unique adoptée par son ancienne législation. Comme on le verra plus bas, ces annuités sont fort peu élevées au début : la première n'est que de 10 pesetas (10 fr. 80). L'augmentation est de 10 pesetas par année. Les annuités sont payables d'avance. Aucun délai n'est accordé pour le payement, qui doit avoir lieu au commencement de chaque année. Le défaut de payement à la date fixée constitue, comme en France (art. 32-1°, loi française du 5 juillet 1844), une cause de déchéance fatale et irrémédiable.

Mais la loi n'exige pas, à la différence de la loi française (art. 20, loi du 5 juillet 1844), le payement intégral des annuités à échoir en cas de cession du brevet (2).

IV. Il est utile de noter que les produits et procédés chimiques ne sont l'objet d'aucune exclusion au point de vue de la brevetabilité (3). Les préparations pharmaceutiques et médicamenteuses sont, au contraire, non brevetables. Enfin, l'article 9 a nettement formulé le principe de la non-brevetabilité des spéculations scientifiques qui ne seraient pas encore appliquées industriellement (4).

V. La non-exploitation pendant deux ans ou la cessation d'exploitation pendant un an et un jour sont des causes de déchéance des brevets ou des certificats d'addition. La loi nouvelle a accordé au breveté un délai plus long que la loi abrogée, pour la mise en exploitation de son invention, puisque ce délai n'était que d'un an et un jour. La déchéance est prononcée administrativement par le ministre de *Fomento*, sur le rapport du directeur du Conservatoire des arts.

VI. L'introduction en Espagne d'objets fabriqués à l'étranger et similaires à ceux brevetés, ne constitué pas une cause de déchéance (5).

VII. C'est par suite d'une confusion évidente que la loi, dans son article 46, range la fin naturelle du privilège par l'expiration du temps pour lequel le brevet a été accordé, au nombre des déchéances.

VIII. Notons aussi la création de jurys industriels qui seront chargés de statuer sur les actions civiles et criminelles relatives aux brevets. Ces jurys n'existant point encore, les tribunaux de droit commun connaîtront de ces contestations jusqu'à ce que la nouvelle juridiction fonctionne.

IX. Le ministère public ne peut demander la nullité d'un brevet que

---

(1) Loi belge du 24 mai 1854, art. 3; — art. 8 de la loi allemande du 25 mai 1877 (v. *Annuaire* de 1878, p. 118).

(2) Il en est de même de la loi allemande de 1877.

(3) V. au contraire l'article 1 de la loi allemande du 25 juin 1877 (*Annuaire* de 1878, p. 109 et 110).

(4) V. article 30-3° de la loi française du 5 juillet 1844.

(5) V. au contraire l'article 32-3° de la loi française du 5 juillet 1844 modifié par la loi du 31 mai 1856.

lorsque l'objet de ce brevet est contraire à l'ordre, aux bonnes mœurs ou à la sûreté publique; mais il doit intervenir dans tout procès en nullité ou en déchéance de brevet. Il ne peut exercer l'action en contrefaçon que sur la plainte de la partie lésée (1).

X. Un relevé des brevets est publié tous les trois mois, dans la deuxième quinzaine des mois de janvier, avril, juillet et octobre, dans la *Gazette de Madrid*, et reproduit dans les bulletins officiels. La communication des mémoires, dessins, échantillons et modèles relatifs aux brevets est publique. Il est permis d'en prendre copie. Une autorisation du directeur du Conservatoire des arts suffit.

Après expiration des brevets, les mémoires, échantillons, etc., restent au Conservatoire des arts, et un musée renferme les pièces qui offrent un intérêt suffisant.

TITRE Ier. — DISPOSITIONS GÉNÉRALES.

Art. 1er. — Tout Espagnol ou étranger ayant l'intention d'établir, ou ayant établi sur les territoires espagnols une industrie qui y est nouvelle, aura droit à l'exploitation exclusive de son industrie durant un certain nombre d'années, suivant les règles et conditions prévues par la présente loi.

Art. 2. — Le droit dont il est parlé en l'article qui précède s'acquerra par l'obtention d'un brevet d'invention (*patente de invencion*) délivré par le gouvernement.

Art. 3. — Pourront faire l'objet de brevets :

Les machines, appareils, instruments, procédés ou opérations mécaniques et chimiques, qui seront, en tout ou en partie, d'invention propre et nouvelle, ou qui, en dehors de cette condition, n'auront pas encore été établis ou mis en pratique, de la même manière et sous la même forme, sur les territoires espagnols ;

Les nouveaux produits ou résultats industriels, obtenus par des moyens nouveaux ou connus, à la condition que leur exploitation vienne à établir une branche d'industrie dans le pays.

Art. 4. — Les brevets ayant pour objet les produits ou résultats auxquels se réfère le second paragraphe de l'article précédent, ne feront pas obstacle à la prise d'autres brevets pour les objets auxquels se rapporte le § 1er, et appliqués à obtenir les mêmes produits ou résultats.

Art. 5. — Sera considéré comme nouveau dans le sens de l'article 3 de cette loi, tout ce qui ne sera pas connu ou n'aura pas

____

(1) V. l'article 45 de la loi française du 5 juillet 1844.

encore été établi ou mis en pratique sur les territoires espagnols ou à l'étranger.

Art. 6. — Le droit que confère le brevet d'invention, ou celui qui dérive des démarches commencées pour l'obtenir, pourra être transmis en totalité ou en partie par l'un des moyens établis par les lois relatives à la propriété privée.

Art. 7. — Le brevet d'invention pourra être concédé à une seule personne ou à plusieurs, ou à une société, tant nationaux qu'étrangers.

Art. 8. — Tout brevet concédé sera considéré comme l'étant non seulement pour la Péninsule et les îles adjacentes, mais même pour les provinces d'outre-mer.

Art. 9. — Ne pourront faire l'objet d'un brevet :

1° Le résultat ou produit des machines, appareils, procédés ou opérations dont traite le § 1er de l'article 3, à moins qu'ils ne soient compris dans le § 2 du même article ;

2° L'emploi des produits naturels ;

3° Les principes ou découvertes scientifiques, tant qu'ils restent dans le domaine spéculatif et qu'ils ne sont pas encore traduits en machines, appareils, instruments, procédés ou opérations mécaniques ou chimiques, d'un caractère pratique industriel (1) ;

4° Les préparations pharmaceutiques ou médicaments de tout genre (2) ;

5° Les plans ou combinaisons de crédit ou de finances (3).

Art. 10. — Aucun brevet ne pourra concerner plus d'un objet industriel (4).

Art. 11. — Les brevets d'invention seront délivrés sans examen préalable de nouveauté et d'utilité Ils ne devront donc être, en aucun cas, considérés comme une déclaration ou une qualification de nouveauté ou d'utilité de l'objet qu'ils concernent. Les qualifications de cette nature appartiennent à l'intéressé, qui en est responsable, et elles demeurent soumises aux prescriptions de la présente loi.

(1) Article 30-3° de la loi française du 5 juillet 1844.
(2) Article 3-1° de la loi française du 5 juillet 1844.
(3) Article 3-2° de la loi française du 5 juillet 1844.
(4) Article 6, 1er alinéa de la loi française du 5 juillet 1844.

TITRE II. — DE LA DURÉE ET DE LA TAXE DES BREVETS.

Art. 12. — La durée des brevets d'invention sera de vingt ans sans prolongation, s'ils ont pour objet une invention nouvelle et propre au breveté (1).

La durée des brevets, pour tout ce qui n'est pas d'invention propre, ou qui, tout en l'étant, n'est pas nouveau, sera seulement de cinq ans, sans prolongation.

Néanmoins la durée de la concession sera de dix ans pour tout objet d'invention propre, quand même l'inventeur aurait obtenu un brevet pour le même objet dans un ou plusieurs pays étrangers, pourvu que le brevet ait été demandé en Espagne avant l'expiration d'un délai de deux ans à partir de l'obtention du premier brevet étranger.

Art. 13. — Pour pouvoir faire usage d'un brevet, il est obligatoire de payer à l'État, en papier de payement, une taxe annuelle et progressive de la manière suivante :

10 pesetas la première année, 20 la seconde, 30 la troisième, et ainsi de suite jusqu'à la cinquième, dixième ou vingtième année, pour laquelle la taxe sera respectivement de 50, 100 et 200 pesetas.

Art. 14. — Les taxes annuelles dont parle l'article précédent se payent par anticipation, et il n'y aura en aucun cas dispense de les payer.

TITRE III. — FORMALITÉS POUR LA DÉLIVRANCE DES BREVETS.

Art. 15. — Quiconque désire obtenir un brevet d'invention adressera au secrétariat du gouvernement civil de la province où il est domicilié, ou de telle autre où il aura élu domicile à cet effet :

1° Une demande au ministre de *Fomento* (2), dans laquelle sera énoncé quel est l'objet unique du brevet, si cet objet est ou non d'invention propre et nouvelle, et les preuves du domicile du demandeur ou de son fondé de pouvoir. En ce dernier cas, on joindra la procuration à la demande. La demande ne doit contenir ni conditions, ni restrictions, ni réserves.

2° Un mémoire en duplicata, où seront décrits les machines, appareils, instruments, procédés ou opérations mécaniques ou

(1) C'est aussi la durée fixée par la loi belge.
(2) Des Travaux publics.

chimiques qui donnent lieu au brevet, le tout avec la plus grande clarté, de façon que dans aucun temps on ne puisse avoir un doute quant à l'objet ou à la particularité qui est présentée comme nouvelle ou d'invention propre, ou comme n'étant pas mise en pratique, ou établie de la même manière et suivant la même forme dans le pays.

A la fin du mémoire, doit être une note ou résumé qui exprime clairement, distinctement et uniquement quelle est la partie, la pièce, le mouvement, le mécanisme, l'opération, le procédé ou la matière présentée pour être l'objet du brevet, lequel ne comprendra en réalité que le contenu de ce résumé (1).

Le mémoire sera écrit en langue castillane, sans abréviations, corrections, ni ratures quelconques, sur pages numérotées. Les poids et les mesures seront exprimés conformément au système métrique décimal.

Le mémoire ne doit contenir ni conditions, ni restrictions, ni réserves.

3° Les dessins, échantillons ou modèles que l'intéressé considère comme nécessaires pour l'intelligence du mémoire descriptif, tous par duplicata.

Les dessins seront faits sur toile et à l'encre, et d'après une échelle métrique décimale.

4° Le montant en papier de payement, correspondant à la première annuité de la taxe.

5° Un bordereau signé, de tous les documents et objets remis, qui devront être signés par le demandeur ou par son fondé de pouvoir.

Art. 16. — Le secrétaire du gouvernement civil, sur l'acte de reçu des documents et objets dont parle l'article précédent, inscrira sur un registre spécial le jour, l'heure et la minute de la présentation, signera à la fin du bordereau avec l'intéressé ou son représentant, et délivrera le reçu correspondant. Le même secrétaire fermera et scellera la boîte ou le pli qui contient les deux exemplaires du mémoire et des dessins, échantillons ou modèles ; il écrira au-dessous de la suscription que porte la boîte ou le pli : *Présenté tel jour, tel mois, à telle heure, tant de minutes ;* signera et estampillera avec le sceau officiel. La note du registre de présentation mentionnant le jour, l'heure et la minute du dépôt des pièces servira de déclaration pour établir le droit de priorité du demandeur.

____

(1) Cette revendication est ce qu'on appelle en Angleterre *claim*.

Art. 17. — Dans un délai qui ne dépassera pas cinq jours à partir de la date de la présentation de la demande et des documents et objets mentionnés, les gouverneurs civils remettront au directeur du Conservatoire des arts de Madrid la demande, accompagnée des documents et objets annexés, d'un certificat délivré par le secrétaire avec le visa du gouverneur, et de l'acte d'enregistrement du contenu du pli ou de la boîte. Les frais d'envoi seront au compte de l'intéressé.

Art. 18. — Le secrétaire du Conservatoire des arts examinera le contenu de la boîte ou du pli, et à la fin du certificat dont parle l'article précédent, il dressera une note dans laquelle il constatera sa conformité ou ce qui pourrait manquer.

Art. 19. — Le secrétaire du Conservatoire procédera immédiatement à la collation des deux exemplaires du mémoire et des dessins ou modèles, dans le seul but de s'assurer de leur identité; et s'ils se trouvent conformes entre eux et à la note résumée que prévoit le § 2 de l'article 15 écrite à la fin du mémoire, il dressera, signera et scellera à la suite de chacun des deux exemplaires la déclaration que tout est bien en règle.

S'il existe des lacunes dans les documents, il le fera constater et elles devront être réparées par les mêmes intéressés ou leurs représentants, auxquels il est concédé à cet effet un délai de deux mois, comptés depuis la date de la présentation de la demande au gouverneur de la province, si celle-ci fait partie de la Péninsule ou des îles adjacentes; un délai de quatre mois pour les îles Canaries ou les Antilles; et un délai de huit mois pour les îles Philippines.

Ces délais ne peuvent être prolongés, et une fois écoulés sans que les lacunes soient comblées, il ne sera pas donné suite à la demande de brevet, qui sera considérée comme non avenue.

Art. 20. — Après l'accomplissement des formalités prévues dans les deux articles précédents, le directeur du Conservatoire des arts, en observation de ce qui est prévu dans l'article 11 de cette loi, remettra au ministre de *Fomento* la demande accompagnée d'un avis dans lequel on énoncera :

1° Si la forme de la demande se trouve conforme à ce qui est prévu dans l'article 15 ;

2° Si l'on a reçu le mémoire et les dessins, échantillons ou modèles préparés, le tout en duplicata, et le montant en papier de payement, correspondant à la première annuité;

3° Si tout est parfaitement conforme dans les deux exemplaires du mémoire et des dessins, échantillons ou modèles;

4° Si l'objet du brevet est compris dans l'un des cas de l'article 9;

5° **Si,** eu égard à tout ce qui précède, on doit accorder ou rejeter la demande.

Art. 21. — Si la demande est accueillie favorablement, le ministre de *Fomento* la communique au directeur du Conservatoire des arts, lequel publie cette résolution par l'intermédiaire de la *Gazette de Madrid;* et dans le délai d'un mois sans prolongation, en comptant depuis le jour de la publication, l'intéressé ou son mandataire se présente au Conservatoire des arts pour donner, en papier de payement de l'État, le coût du papier timbré sur lequel le brevet doit être dressé. Si on ne le faisait pas dans le délai exprimé, l'affaire serait arrêtée et la demande de brevet serait considérée comme non avenue.

Art. 22. — En constatant le payement dont traite l'article précédent, le directeur du Conservatoire des arts le fera connaître au ministre de *Fomento;* ce dernier expédiera immédiatement le brevet d'invention et le remettra au Conservatoire des arts, dont le directeur fera la même communication au gouverneur de la province d'où est venue la demande et où a eu lieu l'enregistrement dont parle l'article 16; le secrétaire du Conservatoire prendra note du brevet dans un registre spécial, et le brevet sera délivré à l'intéressé ou à son représentant, contre un reçu que l'on joindra au dossier.

Art. 23. — On imprimera en tête du brevet, en plus grands caractères que celui que l'on emploiera dans le corps, la mention suivante :

Brevet d'invention sans garantie du gouvernement, pour ce qui est de la nouveauté, de la convenance ou de l'utilité de l'objet qu'il concerne.

Art. 24. — Le secrétaire du Conservatoire des arts remettra encore, contre un reçu, à l'intéressé ou à son représentant, en même temps que le brevet, un des deux exemplaires du mémoire et des dessins, échantillons et modèles qui l'accompagnent, et on considérera le tout comme partie intégrante du brevet, en le mentionnant dans le titre.

Art. 25. — Le registre spécial des brevets, au secrétariat du Conservatoire des arts, sera à la disposition du public pendant les heures que le directeur fixera à cet effet.

Les dates de ce registre feront foi en justice.

TITRE IV. — DE LA PUBLICATION DES BREVETS ET DE LA PUBLICITÉ DES DESCRIPTIONS, DESSINS, ÉCHANTILLONS OU MODÈLES.

Art. 26. — Le directeur du Conservatoire des arts remettra à celui de la *Gazette de Madrid*, dans la seconde quinzaine des mois de janvier, avril, juillet et octobre, pour la publication immédiate dans ladite feuille périodique officielle, une liste de tous les brevets concédés pendant le trimestre précédent, en exprimant clairement leur objet.

Les gouverneurs de province ordonneront que ces listes soient reproduites dans les *Bulletins officiels*, aussitôt après qu'elles auront paru dans la *Gazette*.

Art. 27. — Les mémoires, dessins, échantillons et modèles relatifs aux brevets seront à la disposition du public, au secrétariat du Conservatoire des arts, pendant les heures que le directeur fixera.

Quiconque voudra prendre des copies pourra le faire à ses frais, avec l'autorisation du directeur du Conservatoire, qui, en la donnant, fixera l'endroit, le jour et l'heure où l'on pourra se livrer à l'examen demandé.

Art. 28. — Après l'expiration de la durée des brevets, les mémoires, dessins, échantillons et modèles resteront au Conservatoire des arts, et tout ce qui en sera jugé digne fera partie de son Musée.

TITRE V. — DES CERTIFICATS D'ADDITION.

Art. 29. — Le possesseur d'un brevet d'invention aura le droit, pendant sa durée, d'y faire tous les changements, modifications ou additions qu'il croira convenables, de préférence à n'importe quelle autre personne qui demanderait en même temps un brevet pour l'objet sur lequel porte le changement, la modification ou l'addition.

Ces changements, modifications ou additions seront constatés par des certificats d'addition délivrés de la même manière et avec les mêmes formalités que le brevet principal, suivant les prescriptions de l'article 15.

Art. 30. — Celui qui demandera un certificat d'addition payera, une seule fois, la somme de 25 pesetas en papier de payement de l'État (1).

(1) Article 16, avant-dernier alinéa, de la loi française du 5 juillet 1844.

Art. 31. — Le certificat d'addition est un accessoire du brevet principal, et produit, depuis le jour de sa demande, les mêmes effets que ledit brevet. La durée du certificat d'addition cesse en même temps que le brevet principal (1).

TITRE VI. — DE LA CESSION ET DE LA TRANSMISSION DU DROIT QUE CONFÈRENT LES BREVETS.

Art. 32. — Toute cession entière ou partielle du droit que confère un brevet d'invention ou un certificat d'addition, à titre gratuit ou onéreux, et tout autre acte entraînant une modification du droit primitif, devra se faire nécessairement par un acte public (2), contenant un certificat du secrétaire du Conservatoire des arts, visé par le directeur, et témoignant que les taxes fixées par la présente loi ont bien été payées (3), et que le cédant est bien propriétaire du brevet ou du certificat d'addition, selon les inscriptions du registre des brevets.

Art. 33. — Aucun acte de cession ou tout autre, emportant modification du droit, ne pourra avoir d'effet à l'égard des tiers, s'il n'a pas été enregistré au secrétariat du gouvernement civil de la province dans laquelle a lieu la première demande (4).

Art. 34. — L'enregistrement des cessions et de tous les actes qui comportent modification du droit se fera en présentant et en remettant au secrétariat du gouvernement de la province respective une copie authentique de l'acte ou contrat de cession ou de modification.

Le secrétaire notera sur cette copie authentique la date et le folio du registre.

Art. 35. — Le gouverneur civil de la province, chez lequel a lieu l'enregistrement de la cession ou de tout autre acte ou contrat qui comporte modification du droit, remettra au directeur du Conservatoire des arts, dans les cinq jours suivants, une copie certifiée par le secrétaire, et visée par le gouverneur, de l'acte ou contrat de cession ou de modification, inscrit sur le registre du secrétariat.

Art. 36. — Le secrétaire du Conservatoire des arts notera sur le registre spécial des brevets toutes les modifications de droits qui

(1) Article 16 de la loi française du 5 juillet 1844.
(2) Article 20 de la loi française du 5 juillet 1844.
(3) La loi française exige même le payement de la taxe à échoir.
(4) Loi française du 5 juillet 1844 (art. 20, 3ᵉ al.).

auront rapport à chacun d'eux, en conformité de la copie authentique de l'acte ou contrat de cession qu'on joindra au dossier.

Art. 37. — Le directeur du Conservatoire des arts remettra à celui de la *Gazette de Madrid*, en même temps que la liste à laquelle se réfère l'article 26, toutes les modifications de droits apportées aux brevets.

TITRE VII. — Conditions pour l'exercice du privilège.

Art. 38. — Le possesseur d'un brevet d'invention ou d'un certificat d'addition est obligé de prouver devant le directeur du Conservatoire des arts que, dans le délai de deux ans, comptés depuis la date du brevet ou du certificat d'addition, il a mis l'invention en pratique dans les pays espagnols, en établissant ainsi une nouvelle industrie dans le pays.

Le délai de deux ans dans lequel on a à prouver cette mise en pratique ne pourra être prorogé qu'en vertu d'une loi spéciale et pour un délai qui ne dépassera pas six mois.

Art. 39. — Le directeur du Conservatoire des arts, par lui-même ou par l'intermédiaire d'un ingénieur industriel, ou d'une personne compétente déléguée à cet effet, s'assurera du fait et indiquera les soins ou modifications qu'il jugera nécessaires dans l'intérêt général. A cet effet, il sera assuré de la coopération de toutes les autorités ou institutions publiques, qui devront s'employer de la manière la plus efficace, en usant de toute leur influence et de tous les moyens dont elles peuvent disposer dans ce but.

Art. 40. — Quand le directeur du Conservatoire jugera que la mise en exploitation est suffisamment établie, il en informera le ministre de *Fomento*.

Art. 41. — Les frais occasionnés par les recherches nécessaires pour s'assurer que l'objet du brevet ou du certificat d'addition a été mis en pratique, en donnant lieu à une nouvelle industrie dans le pays, seront au compte de l'intéressé, qui ne sera d'ailleurs tenu de les payer qu'autant qu'ils auront été approuvés par le directeur du Conservatoire des arts.

Art. 42. — Le directeur du Conservatoire des arts veillera à ce que le secrétaire inscrive sur le registre des brevets les décisions qui sont relatives aux mises en pratique, et communiquera ces décisions au gouvernement de la province respective.

TITRE VIII. — De la nullité et de la déchéance des brevets.

Art. 43. — Sont nuls les brevets d'invention :

1° Quand il sera établi que les caractères d'invention propre et de nouveauté ne sont pas suffisamment justifiés (1), et que l'invention, dans ses conditions essentielles, aura déjà été réalisée dans le territoire espagnol.

2° Quand l'objet du brevet peut porter préjudice au bon ordre, à la sécurité publique, aux bonnes mœurs ou aux lois du pays (2) ;

3° Dans le cas où l'objet pour lequel on a demandé le brevet est différent de celui que l'on met en pratique en vertu dudit brevet ;

4° Quand il sera démontré que le mémoire descriptif ne contient pas tout ce qui est nécessaire pour comprendre et exécuter l'objet du brevet, ou qu'il n'indique pas d'une manière réelle les véritables moyens d'exécution (3).

Art. 44. — L'action en nullité de brevet devant les tribunaux ne pourra être exercée que par les personnes y étant réellement intéressées.

Le ministère public pourra, nonobstant, demander la nullité, lorsque le brevet tombera dans le cas prévu au second alinéa de l'article 43.

Art. 45. — Dans les cas de nullité en vertu de l'article 43, seront aussi nuls et de nul effet, les certificats d'addition qui comprennent des changements, modifications ou additions se rapportant au brevet principal.

Art. 46. — Seront déchus les brevets d'invention :

1° Quand la durée déclarée dans le brevet sera écoulée ;

2° Quand le possesseur n'aura pas payé les annuités successives avant le commencement de chacune des années de la durée ;

3° Quand l'objet du brevet n'aura pas été mis en pratique dans les territoires espagnols dans le délai prévu par l'article 38 ;

4° Quand le possesseur aura cessé d'exploiter son brevet pendant un an et un jour, à moins qu'il ne se justifie par un cas de force majeure.

Art. 47. — La déclaration de déchéance des brevets compris

---

(1) Article 30-1° de la loi française du 5 juillet 1844.
(2) Article 30-4°, même loi.
(3) Article 30-6° de la loi française du 5 juillet 1844.

dans les §§ 1, 2 et 3 de l'article 46 incombe au ministre de *Fomento*, avisé par le directeur du Conservatoire des arts (1).

En opposition à la résolution définitive du ministre, le recours administratif peut être exercé par-devant le Conseil d'État dans un délai de trente jours.

La déclaration de déchéance d'un brevet compris dans le § 4 de l'article 46 appartient aux tribunaux de première instance.

Art. 48. — Le directeur du Conservatoire des arts, après avoir veillé à ce que, dans le registre spécial des brevets, on fasse les inscriptions voulues, remettra au directeur de la *Gazette de Madrid*, en même temps que la liste à laquelle se réfère l'article 26, un rapport contenant la nomenclature des brevets tombés en déchéance par suite des résolutions du ministère de *Fomento*.

Les gouverneurs civils veilleront à ce que ce rapport soit reproduit dans les *Bulletins officiels* de leurs provinces, et qu'on fasse dans les registres des brevets de leurs secrétariats les annotations respectives.

TITRE IX. — DE LA CONTREFAÇON ET DES FAUX EN MATIÈRE DE BREVETS, ET DES PEINES ENCOURUES PAR LES CONTREFACTEURS ET LES FAUSSAIRES.

Art. 49. — Sont contrefacteurs en matière de brevets, ceux qui, ayant connaissance de l'existence du privilège (2), attentent aux droits du légitime possesseur, soit par la fabrication, soit par l'emploi des mêmes moyens que ceux qui font l'objet du brevet.

Sont complices, ceux qui, avec connaissance de cause, contribuent à la fabrication, à l'exécution et à la vente ou à l'expédition des produits obtenus d'après le brevet contrefait.

Art. 50. — La contrefaçon d'un brevet sera punie d'une amende de 200 à 2,000 pesetas.

En cas de récidive, l'amende sera de 2,001 à 4,000 pesetas.

Il y aura récidive dans le cas où le coupable aura été condamné pour le même délit dans les cinq années précédentes.

La complicité dans la contrefaçon sera punie d'une amende de 50 à 200 pesetas ;

En cas de récidive, d'une amende de 201 à 2,000 pesetas.

---

(1) La loi belge admet aussi que la déchéance est prononcée par l'administration. Le congrès de la propriété industrielle de 1878 a émis le vœu que la déchéance ne pût jamais être prononcée que par les tribunaux ordinaires.

(2) La loi espagnole, comme la loi allemande de 1877, exige, à la différence de la loi française de 1844, la mauvaise foi du contrefacteur.

Tous les produits obtenus par la contrefaçon d'un brevet seront remis au titulaire de ce brevet, et de plus ce dernier aura droit à une indemnité à raison des dommages et des préjudices à lui causés.

Les insolvables encourront dans l'un et l'autre cas la peine de l'emprisonnement, conformément à l'article 50 du Code pénal.

Art. 51. — Les faussaires, en matière de brevets d'invention, seront punis des peines établies dans la section 1re du chapitre 4, livre 2, du Code pénal.

Art. 52. — L'action en poursuite du délit de contrefaçon prévu et puni sous ce titre ne pourra être exercée par le ministère public, si ce n'est en vertu d'une dénonciation de la partie lésée.

TITRE X. — De la juridiction en matière de brevets.

Art. 53. — Les actions civiles et criminelles relatives aux brevets d'invention seront portées devant les jurys industriels. Jusqu'à ce que ces jurys industriels soient organisés, on portera les susdites actions devant les tribunaux ordinaires.

Art. 54. — Si la demande est dirigée en même temps contre le titulaire du brevet et contre un ou plusieurs cessionnaires partiels, l'affaire sera portée au juge du domicile du titulaire principal (1).

Art. 55. — Les actions civiles sont intentées suivant les prescriptions de la loi en matière civile ordinaire, et les actions criminelles seront suivies conformément au Code d'instruction criminelle.

Art. 56. — Dans toute action judiciaire qui a pour objet de faire déclarer la nullité ou la déchéance d'un brevet d'invention, le ministère public prendra la parole (2).

Art. 57. — Dans le cas de l'article précédent, tous les ayants cause du titulaire du brevet, inscrits dans le registre du Conservatoire des arts, devront être cités devant le tribunal (3).

Art. 58. — Aussitôt que l'on aura déclaré judiciairement la nullité d'un brevet d'invention, le tribunal en notifiera le jugement au Conservatoire des arts, pour que l'on en prenne note. La nullité ou la déchéance d'un brevet, ainsi prononcée, sera publiée par la *Gazette de Madrid* dans les mêmes termes et délais que pour la publication des brevets accordés conformément à la présente loi.

Les gouverneurs civils reproduiront dans les *Bulletins officiels* de

(1) Article 35 de la loi française du 5 juillet 1844.
(2) Article 36 de la loi française du 5 juillet 1844.
(3) Article 38, même loi.

leurs provinces ces nullités et déchéances, et feront faire sur les registres des brevets de leur secrétariat les annotations respectives.

TITRE XI. — Dispositions transitoires.

Art. 59. — A dater du jour où la présente loi sera mise en vigueur, toutes les dispositions antérieures relatives aux brevets d'invention, d'importation et de perfectionnement seront abrogées.

Art. 60. — Les brevets d'invention, d'importation et de perfectionnement actuellement en vigueur, qui ont été obtenus en application de la législation antérieure, conserveront leurs effets pendant le temps pour lequel ils ont été concédés.

Art. 61. — Les demandes déposées avant la publication de la présente loi recevront leur suite conformément aux lois antérieures; mais les intéressés pourront choisir la durée et la forme de payement arrêtées par la présente loi.

Art. 62. — Toute action en contrefaçon, nullité ou déchéance d'un brevet, non introduite avant la promulgation de cette loi, sera suivie conformément aux présentes dispositions.

PARIS. — IMPRIMERIE ARNOUS DE RIVIÈRE, RUE RACINE, 26.

www.ingramcontent.com/pod-product-compliance
Ingram Content Group UK Ltd.
Pitfield, Milton Keynes, MK11 3LW, UK
UKHW020119100726
13658UKWH00005B/2273